avant & après

le mariage

« Pour le meilleur...

... et pour le pire »

RICTUS

Editions Vents d'Ouest
31-33 Rue Ernest Renan
92130 Issy-les-Moulineaux

Dépôt légal Mai 1998.
Ouvrage dirigé par Bertrand Meunier.
Conception Graphique : Christian Blondel.
Maquette : Céline Julien.
Imprimé en France par Maury-Eurolivres

avant & après

le mariage

« Pour le meilleur...

... et pour le pire

Adaptation : Bertrand Meunier

Illustrations : Matt'

Adapté de l'ouvrage "Before & After your fall in love"

de Victoria Brown et Allan Chochinov

avant

Ah... les premiers ébats amoureux, le cœur qui bat la chamade, le parfum des roses fraîchement coupées, le gazouillis des oiseaux, les nuits de romance et les douces soirées d'été passées à se bécoter au clair de lune... Ah ! Quelle est belle la vie quand, légers comme l'air, on ne cesse de penser au mariage !

après

Les poétiques lettres d'amour qui se transforment en post-it sur le réfrigérateur, les week-ends à Deauville qui deviennent week-ends chez les beaux-parents, les croissants du boulanger qui se métamorphosent en baguette du congélateur... Y'a pas à dire, une fois sorti de l'église la bague au doigt, on ne voit plus le mariage de la même façon !

avant

Pour le meilleur

après

Pour le pire

avant

«Parle-moi un peu de toi...»

après

«Arrête un peu de parler de toi !»

avant

«Tu es belle»

après

«Tu es belle aujourd'hui»

avant

Mon gros nounours
Ma petite caille

après

Gérard - Patricia

avant

«Il a réparé mon sèche-cheveux
en moins de dix minutes»

après

«Il a mis six mois pour changer l'ampoule du salon»

avant

«Tu me réchauffes le cœur !»

après

«Tu me réchauffes le rôti ?»

avant

Trois fois par jour

après

Trois fois par mois

avant

«Ce soir, on n'a vu que toi !»

après

« Ce soir, on n'a entendu que toi ! »

avant

«Il supporte tous mes défauts»

après

«Il supporte le Paris Saint-Germain»

avant

Poétiques lettres d'amour

après

Post-It sur le réfrigérateur

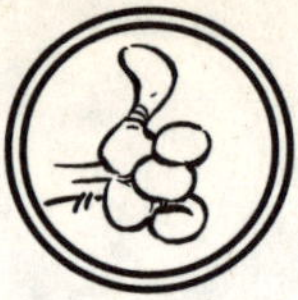

avant

«Il compte énormément pour moi»

après

«Il compte énormément chaque mois»

avant

«Nous pouvons rester des heures allongés ensemble sans parler»

après

«Nous pouvons rester des heures sans nous parler»

avant

Vitamine

après

Aspirine

avant

«Il veut toujours savoir où je suis...»

après

«Il veut toujours savoir où je suis !»

avant

Week-end à Deauville

après

Week-end chez les beaux-parents

avant

«Je voudrais que ça dure toujours !»

après

«Tu ne vas pas recommencer !»

avant

«Ce soir, je t'invite au restaurant»

après

«Qu'est-ce qu'on mange ce soir ?»

avant

Parfum

après

Déodorant

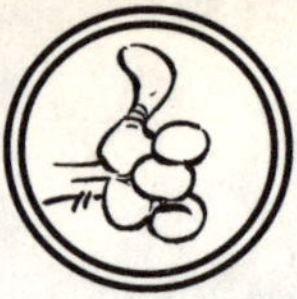

avant

«Il veut toujours faire ça
les lumières allumées»

après

«Il veut toujours faire ça
les lumières éteintes»

avant

«Elle porte toujours de belles toilettes»

après

«Elle ne ferme jamais la porte des toilettes»

avant

Sept lettres par semaine

après

Scrabble !

avant

«Elle m'appelle tous les jours
à mon boulot...»

après

«Elle m'appelle tous les jours
à mon boulot !»

avant

«Tu ne prends que ça ?»

après

«Tu ferais mieux de ne commander qu'une salade !»

avant

250 francs la douzaine

après

10 francs la rose

avant

«Je n'ai jamais aimé aussi fort»

après

«Je n'ai jamais aimé aussi longtemps»

avant

«Elle me demande toujours mon avis avant de faire quelque chose»

après

«Elle me demande toujours de faire
quelque chose avant
de me demander mon avis»

avant

Piano-Bar

après

Bar-Tabac

avant

«Je ne regarde plus les autres filles»

après

«Je n'ai plus le droit de regarder
les autres filles»

avant

«Je me suis fait baiser...»

après

«Je me suis fait baiser !»

avant

«Qu'est-ce que tu veux faire
cet après-midi ?»

après

«Qu'est-ce que tu as prévu de faire cet après-midi ?»

avant

Siestes crapuleuses

après

Siestes ronfleuses

avant

«J'ai hâte de connaître tes parents !»

après

«Quand est-ce qu'ils repartent ?»

avant

«J'ai le cœur serré chaque fois
que tu pars quelques jours»

après

«T'es encore là, toi ?»

avant

«J'aime son franc-parler»

après

«Il est parfois d'une vulgarité...»

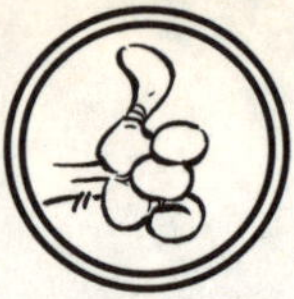

avant

Croissants du boulanger

après

Baguette du congélateur

avant

«Je me réveille tous les matins
en voyant son visage...»

après

«Je me réveille tous les matins en voyant son visage !»

avant

«Nous passons notre temps au lit !»

après

«Il passe son temps au lit»

avant

Chercher un restaurant

après

Chercher l'ouvre-boîtes

avant

«Nous sommes d'accord sur tout»

après

«Elle est incapable de prendre la moindre décision»

avant

«J'aime ses attitudes enfantines»

après

«Quel gamin ! Il est parfois d'une puérilité !»

avant

Promenade des Anglais

après

Promenade du chien

avant

«Tu es si séduisante lorsque tu t’habilles tout en noir !»

après

«Qui est-ce qu'on enterre aujourd'hui ?»

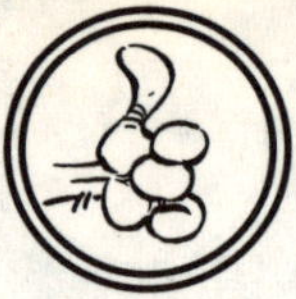

avant

«Je n'ai jamais vu quelqu'un d'aussi généreux»

après

«T'es fou ! On n'a pas les moyens !»

avant

Autant en emporte le vent

après

Twister

avant

«C'est toi qui as fait la cuisine !?»

après

«T'as fait la cuisine ?!»

avant

«J'ai mal aux reins... Hier soir,
nous avons fait ça dans la baignoire»

après

«J'ai mal aux reins... Hier soir,
j'ai dormi dans la baignoire»

avant

Omniprésence sous la couette

après

Flatulences sous la couette

avant

«Tu veux que je te raccompagne ?»

après

«Tu veux que je t'appelle un taxi ?»

avant

«C’est fou ce que tu ressembles
à ta mère !»

après

«Tu tiens vraiment de ta mère !»

avant

Se prendre par la main

après

Passer prendre le pain

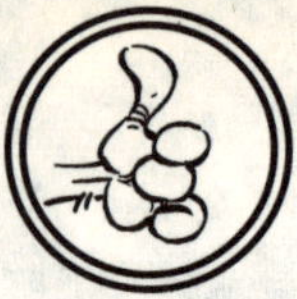

avant

«Cela fait deux ans, jour pour jour, que nous nous sommes rencontrés»

après

*«Quoi ? Notre anniversaire de mariage ?
Aujourd'hui ?»*

avant

«Elle trouve mes amis rafraîchissants»

après

«Elle trouve mes amis envahissants»

avant

Rêve

après

Réalité

avant

«Chaque mois, elle dépense la moitié de son salaire en fringues...»

après

« Chaque mois, elle dépense deux fois son salaire en fringues ! »

avant

«J'aime les femmes avec des rondeurs»

après

«Je n'ai jamais dit que tu étais grosse»

avant

Banc public

après

Banc des accusés

avant

L'emmener au bout du monde

après

La mener par le bout du nez

avant

«Il m'a dit que je passais
avant son boulot»

après

«Il m'a dit qu'il passerait
après son boulot»

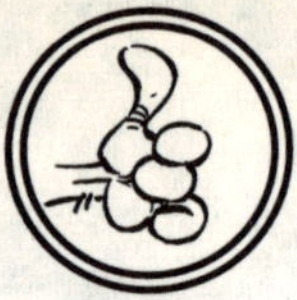

avant

«A quoi tu penses ?»

après

«Je me fiche de ce que tu penses !»

avant

Kama-Sutra

après

Moi sur toi

avant

«Il y a de l'oignon dans votre flamiche aux poireaux ?»

après

«Il y a de l'oignon dans votre flamiche aux poireaux !»

avant

«J'aime quand tu as
les cheveux au vent»

après

«Tu n'as pas eu le temps de te coiffer ?»

avant

Erotique

après

Neurasthénique

avant

«J'ai besoin des conseils
de ma meilleure amie»

après

«J'ai besoin des conseils d'un avocat»

avant

«Il faut qu'on arrose ça !»

après

«Il faut que tu arroses le jardin !»

avant

Café de Flore

après

Café des Sports

avant

«Je t'emmènerai au bout du monde»

après

«Pour La Baule, il ne restait plus que la première quinzaine de septembre...»

avant

«Je suis fou d'elle !»

après

«Elle me rend fou !»

avant

«Je t'aime»

après

«Je t'aime quand même»

RICTUS

"JE SUIS VENU, J'AI LU, J'AI RICTUS"

♥♥♥♥♥Plus de 1500 excuses prêtes à l'emploi, des plus bidons aux plus bidonnantes, qui vous garantiront d'en sortir indemne... en toutes circonstances !

♥♥♥♥♥Reproches déguisés, allusions oppressantes ou insinuations culpabilisantes, ce que femme dit n'est pas toujours clairement exprimé. Vous allez enfin comprendre le sens caché de toutes ses petites remarques.

♥♥♥♥♥Vieillir est un plaisir ! La preuve : tout le monde le fait ! Voici enfin un manuel pas sérieux pour préparer les plus jeunes, informer les plus anciens, mais surtout savoir profiter des fruits de la vie, car le fruit qui mûrit est aussi le plus juteux !

♥♥Futurs mariés, jeunes époux ou vieux couples, un livre indispensable pour découvrir avec le sourire l'influence d'un "oui" sur la vie à deux.

♥♥Bien sûr, Mesdames, que vous l'aimez, l'homme de votre vie. Vous l'aimez, mais vous n'êtes pas aveugles sur ses défauts. C'est ce jugement amoureux mais lucide, porté par 160 femmes sur leurs conjoints, que propose ce livre qui fait rimer Amour avec Humour.

♥♥Bien sûr, Messieurs, que vous l'aimez, la femme de votre vie. Vous l'aimez, mais vous n'êtes pas dupes sur ses petits travers. C'est ce regard amoureux mais lucide, porté par 160 hommes sur leurs conjointes que propose ce livre qui fait rimer Passion et Dérision.

♥♥ 38 FF
♥♥♥♥♥ 68 FF